BEI GRIN MACHT SICH IHR
WISSEN BEZAHLT

- Wir veröffentlichen Ihre Hausarbeit,
  Bachelor- und Masterarbeit

- Ihr eigenes eBook und Buch -
  weltweit in allen wichtigen Shops

- Verdienen Sie an jedem Verkauf

Jetzt bei www.GRIN.com hochladen
und kostenlos publizieren

Umgang mit Unterrichtsstörungen. Praktikumsbericht

GRIN ☺

Bibliografische Information der Deutschen Nationalbibliothek:

Die Deutsche Nationalbibliothek verzeichnet diese Publikation in der Deutschen Nationalbibliografie; detaillierte bibliografische Daten sind im Internet über http://dnb.d-nb.de abrufbar.

ISBN: 9783389053522
Dieses Buch ist auch als E-Book erhältlich.

© GRIN Publishing GmbH
Trappentreustraße 1
80339 München

Druck und Bindung: Books on Demand GmbH, Norderstedt Germany
Gedruckt auf säurefreiem Papier aus verantwortungsvollen Quellen

Das Buch bei GRIN: https://www.grin.com/document/1494712

Technische Universität Dresden

Fakultät Erziehungswissenschaften

Institut für Erziehungswissenschaft

Professur für Erziehungswissenschaft mit dem Schwerpunkt Inklusive Bildung

Praktikumsbericht

zum Grundpraktikum

absolviert in der Zeit vom 06.02.2019 bis zum 15.02.2019

Titel der Lehrveranstaltung: Orientierungswissen Erziehungswissenschaft

Studiengang: Höheres Lehramt an Gymnasien

Fachsemester: 1. Fachsemester

Datum der Abgabe: 31.03.2019

Inhaltsverzeichnis

1. Einleitung 3

2. Darstellung und Reflexion der eigenen Tätigkeiten 4

    2.1 Praktikumsverlauf und Aufgabenbereiche 4

    2.2 Persönliche Lernerfahrungen 5

3. Beobachtung und wissenschaftliche Reflexion 7

    3.1 Beschreibung und Deutung der Beobachtungssituation 7

    3.2 Der richtige Umgang mit Unterrichtsstörungen 9

4. Zusammenfassung 12

5. Literaturverzeichnis 14

1. Einleitung

Das Gymnasium X befindet sich in X und wurde erstmals im Schuljahr 2008/2009 eröffnet. Mittlerweile unterrichten dort 80 Lehrer und Lehrerinnen in insgesamt 49 Klassen. Für das aktuelle Schuljahr nahm sich die X zum Ziel, die Unterrichtsqualität zu sichern, in Fachschaften und Teams zu arbeiten sowie allgemein Ergebnisse zu erzielen. Zusätzlich orientiert sich die Schule sehr stark an einem schülerfreundlichen Konzept, um eine angenehme Lernatmosphäre für die Schüler und Schülerinnen zu schaffen. Inwieweit die Zielsetzung des derzeitigen Schuljahres erfüllt wurde und welche Vor- und Nachteile das Schulkonzept mit sich bringt, machte ich aus persönlichem Interesse zu meinem „Erkundungsschwerpunkt".

Darüber hinaus erhoffte ich mir, Schule und Unterricht aus einem anderen Blickwinkel betrachten zu können und einen Perspektivenwechsel vorzunehmen. Ich wollte Erfahrungen aus der Sicht eines Lehrers beziehungsweise einer Lehrerin sammeln und mich von der Schülerposition distanzieren. Da ich erst kürzlich mein Abitur abgelegt habe, war es mir außerdem wichtig, von den Lehrern und Lehrerinnen nicht als Schülerin angesehen zu werden. Weiterhin hoffte ich, die mir bekannten theoretischen Lehr- und Lernmethoden auch praktisch nachvollziehen zu können und neue Ansätze zu erfahren. Daher wollte ich mir selbst ein Bild von der verschiedenen Unterrichtsgestaltung machen, um anschließend auf der Grundlage meiner Beobachtungen zu schlussfolgern, was ich persönlich als optimalen beziehungsweise suboptimalen Unterricht empfinde und wie ich anders agieren würde. Neben den verschiedenen Methoden wollte ich allgemein meine Vorkenntnisse im Bereich Erziehungswissenschaften praxisbezogen vertiefen.

Ich fragte mich im Vorhinein, inwiefern die Lehrer und Lehrerinnen ihren Erziehungsauftrag erfolgreich erfüllen und wie sie Konflikten begegnen. Außerdem wollte ich beobachten, ob und wie heterogene Lerngruppen in den Unterrichtsalltag eingebunden werden. Auch die reale Anwendung des Schulkonzepts und die Organisation des Schulalltags sollten während des Praktikums in den Fokus meiner Beobachtungen rücken. Besonders interessant erschienen mir dabei die vielfältigen Ganztagsangebote, die Projektwochen – beispielsweise wird jedes Jahr die sogenannte „Woche der Nachhaltigkeit" veranstaltet – sowie das strikte Handyverbot in den Klassenräumen.

Zudem wollte ich meine bisherigen Eindrücke bezüglich der Anforderungen an dem Gymnasium und speziell in der Sekundarstufe II reflektieren und damit vergleichen, wie ich diese heute wahrnehme.

2. Darstellung und Reflexion der eigenen Tätigkeiten

2.1 Praktikumsverlauf und Aufgabenbereiche

Am ersten Tag nahm mich die Praktikumsleiterin der X in Empfang, führte mich durch das Gymnasium und erklärte mir nebenbei das Schulkonzept. Um mich in meinem zukünftigen Lehrberuf zu üben, erhielt ich zusätzlich ein Formblatt mit Korrekturzeichen und Kriterien für die Kopfnoten. Mir wurde erklärt, dass ich prinzipiell in beliebigen Klassenstufen und Unterrichtsfächern hospitieren könne, sofern ich mich vorher bei dem jeweiligen Lehrer oder der jeweiligen Lehrerin anmelde. Die Kommunikation mit den Lehrkräften verlief problemlos und die meisten reagierten aufgeschlossen auf meine Anwesenheit im Unterricht. Aufgrund meiner Studienfächer entschied ich mich dazu, größtenteils im Deutsch- und Geschichtsunterricht zu hospitieren. Dabei wurde im Wesentlichen nicht versucht, meine Rolle im Rahmen des Unterrichts einzugrenzen oder anderweitig zu beeinflussen, zumal sich meine Aktivitäten wie vorgesehen auf die reine Beobachtung des Geschehens beschränkten. Lediglich einmal wurde ich gebeten, für wenige Minuten die Aufsicht über eine fünfte Klasse zu übernehmen.

Anfangs fiel es mir schwer, mich in die Rolle des Beobachters einzufühlen. Besonders jüngere Schüler und Schülerinnen waren sehr neugierig, stellten mir viele Fragen und versuchten mich in ihre Pausen- und Unterrichtsgespräche einzubinden. Oftmals war ich mir unsicher, ob ich den Kindern bei Problemen helfen sollte oder nicht. Die Grenze zwischen offener und verdeckter Beobachtung kam mir in derartigen Situationen relativ unscharf vor. Zudem wurde ich an meinem ersten Praktikumstag von einer Lehrerin gebeten, meine Meinung zu einem spezifischen Thema preiszugeben und an der Unterrichtsdiskussion teilzunehmen. Diese Situation bereitete mir ebenfalls Schwierigkeiten, meiner Beobachtungsaufgabe nachzukommen. Dagegen befürchtete ich, dass mich die Schüler und Schülerinnen der höheren Klassenstufen aufgrund des geringen Altersunterschieds womöglich nicht ernst nehmen würden.

Mit der Zeit konnte ich mich allerdings immer besser in den Schulalltag und in meine Rolle als Praktikantin einfinden. Ich versuchte anfangs so viele Konversationen und Sachverhalte wie möglich zu erfassen, um mir einen Überblick zu verschaffen. Mir fiel auf, dass die Lehrer und Lehrerinnen sehr different auf Störungen im Unterricht reagierten. Aus diesem Grund konzentrierte ich mich sukzessive speziell auf die Kommunikation zwischen Schülern und Lehrern. Im Zentrum meines Interesses standen hierbei besonders die Interaktionen in jüngeren Klassenstufen.

4

In den letzten Tagen an dem Gymnasium X hatte ich mir bereits ein Bild von den verschiedenen Klassen machen können. Darüber hinaus hatte ich die Möglichkeit mit einigen sehr engagierten Lehrern und Lehrerinnen zu sprechen, die sich bemühten, mir die Inhalte ihres jeweiligen Themengebietes nahezubringen, sodass ich schnell Anschluss finden konnte. Nach dem Unterricht führte ich häufig nützliche und aufschlussreiche Unterhaltungen mit den Lehrkräften, die mir ihre persönliche Lehrmethodik offenlegten und von ihren eigenen Erfahrungen berichteten. Insgesamt hatte ich mich gegen Ende meines Praktikums erfolgreich in den Schulalltag der X integrieren können und wurde von den meisten Lehrern und Lehrerinnen auf einer gleichgestellten kollegialen Ebene behandelt.

2.2 Persönliche Lernerfahrungen

Das Praktikum an der X ermöglichte es mir Erfahrungen zu sammeln und neue Erkenntnisse zu gewinnen. Ich lernte verschiedene Methoden kennen, die mir vorher noch nicht bekannt waren. Weiterhin erwarb ich Wissen über mögliche Vorgehensweisen, um auch Thematiken außerhalb des Lehrplans produktiv in den Unterricht einzufügen und somit einen aktuelleren Bezug zur Gegenwart herzustellen.

Darüber hinaus erstaunte es mich, dass die Schüler und Schülerinnen im heutigen „Handy-Zeitalter" tatsächlich das Telefonverbot ernst nahmen, selbst wenn sich kein Lehrer beziehungsweise keine Lehrerin im Unterrichtsraum befand. Da sich heutzutage vor allem Jugendliche nahezu nur noch über das Smartphone verständigen, hielt ich eine solche Regel für unwirksam und erfolglos. Außerdem fiel mir das gute Leistungsniveau der jüngeren Klassen auf, da ich dieses nicht erwartet hatte. Die behandelten Themen ähnelten teilweise auch Studieninhalten meines ersten Semesters, weshalb ich nicht annahm, dass sich die Schüler und Schülerinnen dieses Alters schon mit derartigen Stoffgebieten befassen müssen. In diesem Zusammenhang war ich auch positiv überrascht, wie mühelos sich die Lehrer und Lehrerinnen auf die verschiedenen Klassenstufen und damit verbunden auf den wechselnden intellektuellen Entwicklungsstand der Kinder einstellen konnten.

Auf Grundlage meiner neuen Erkenntnisse und aufschlussreichen Beobachtungen konnte ich meinen Berufswunsch besser reflektieren und mir selbst einige grundlegende Fragen stellen: Was für eine Lehrerin möchte ich werden? Kann ich den Anforderungen an den Lehrberuf gerecht werden? Welche Konzepte und Methoden will ich anwenden, um den Unterricht für die Schüler und Schülerinnen edukativ und gleichzeitig spannend zu gestalten? Kann ich Konflikte pädagogisch auflösen und meiner Erziehungsaufgabe erfolgreich nachkommen? Wie wirke ich auf die Schüler und Schülerinnen? Bin ich überhaupt zufrieden mit der Wahl meines späteren Berufs? Welche Aufgaben außerhalb der Schule gehen mit der Lehrtätigkeit einher?

Unter Beachtung all dieser Fragestellungen stellte ich fest, dass ich durchaus geeignet bin für den Lehrberuf. Ich habe Freude daran, mir selbst Wissen anzueignen und dieses zu vermitteln. Den Schülern und Schülerinnen die Lust am Lernen beizubringen, nimmt für mich dabei einen hohen Stellenwert ein. Außerdem faszinieren mich meine Fächer, weshalb es mir persönlich wichtig ist, dieses lebhafte Interesse auch auf die Schüler und Schülerinnen zu übertragen und meine Überzeugung zu teilen. Daneben arbeite ich gerne mit Jugendlichen und möchte ihnen als Lehrerin gewisse Wertvorstellungen übermitteln, um sie auf das spätere Leben vorzubereiten. Ungeachtet der fachspezifischen Voraussetzungen verfüge ich auch über gute soziale Kompetenzen und Einfühlungsvermögen, um die Schüler und Schülerinnen ebenso bei persönlichen Schwierigkeiten zu unterstützen.

Allerdings muss ich noch an meinen rhetorischen Fähigkeiten arbeiten und diese weiterentwickeln, sodass ich in meinem künftigen Beruf als Lehrerin die Schüler und Schülerinnen enthusiasmieren und motivieren kann. Weiterhin möchte ich bis dahin gelernt haben, wie ich meinen Unterricht abwechslungsreich und interessant gestalte, auch wenn eher weniger beliebte Themen behandelt werden. Zudem fehlen mir noch das nötige autoritäre Auftreten sowie ausreichendes Durchsetzungsvermögen. Besonders im Umgang mit schwierigen Schülern oder Schülerinnen, die mir möglicherweise nicht genug Respekt entgegenbringen, sollte ich in der Lage sein, die Situation zu beherrschen und entsprechende Gegenmaßnahmen zu ergreifen.

Aus diesem Grund hoffe ich in meinem weiteren Studienverlauf neben anderen Unterrichtsmethoden und Bildungstheorien auch pädagogische sowie psychologische Kenntnisse und Fähigkeiten zu erwerben, da die erzieherischen Voraussetzungen des Lehrberufs einen essenziellen Faktor bilden und für mich persönlich die größte Herausforderung darstellen. Außerdem würde ich gerne erfahren, wie man Kinder und Jugendliche mit einer Lern- oder Verhaltensstörung erfolgreich in den Unterricht integrieren kann und als Lehrer beziehungsweise Lehrerin angemessen mit ihrer Krankheit umgeht. Ferner interessieren mich auch reformpädagogische Ansätze, da ich einige Aspekte dieser Betrachtungsweise befürworte. Besonders hinsichtlich der Bewertungsmaßstäbe, des Leistungsdrucks und der Methoden halte ich die Alternativen der Reformpädagogen und Reformpädagoginnen für progressiv und sinnvoll.

3. Beobachtung und wissenschaftliche Reflexion

3.1 Beschreibung und Deutung der Beobachtungssituation

Während des Praktikums konnte ich eine Szene beobachten, die mir besonders in Erinnerung geblieben ist: Ich hospitierte im Geschichtsunterricht einer achten Klasse. Der Lehrer kündigte das neue Thema an – Bismarcks Außenpolitik –, als ein Schüler A aus der hinteren Reihe durch den Raum rief: „Wann behandeln wir endlich den Weltkrieg? Ich möchte Menschen sterben sehen!" Der Lehrer ignorierte diese Bemerkung und fuhr fort mit seinen Erläuterungen. Im Laufe der Unterrichtsstunde kam es immer häufiger vor, dass dieser Schüler A dem Lehrer ins Wort fiel, indem er themenirrelevante Kommentare zu den Aufgabenstellungen und Wortbeiträgen des Lehrers abgab. Zum Beispiel wollte er vom Lehrer wissen, ob es notwendig wäre, die Lerninhalte aufzuschreiben, denn „Schreiben ist so sinnlos." Daraufhin erwiderte der Lehrer, der Schüler A solle „die Klappe halten." Trotz dieser Aufforderung fuhr Schüler A damit fort, die Äußerungen des Lehrers und die Unterrichtsinhalte ungefragt zu kommentieren. Zusätzlich stand er auch nach Belieben von seinem Stuhl auf und ging zu anderen Tischen, um sich dort mit seinen Klassenkameraden und Klassenkameradinnen zu unterhalten. Der Lehrer versuchte den Schüler A mit der Anweisung „Setz deinen Arsch auf den Stuhl!" lautstark zu maßregeln. Am Ende der Unterrichtsstunde stellte ein weiterer Schüler B eine Frage zum gelernten Stoff, auf die der Lehrer aber keine Antwort wusste. Schüler A konfrontierte daraufhin den Geschichtslehrer mit der Äußerung: „Sie sind doch Geschichtslehrer. Sie müssen das wissen. Wegen Ihnen lernen wir nichts." Auf diese Bemerkung antwortete der Lehrer: „Mach erstmal dein Abitur, dann reden wir weiter."

Diese Beobachtung beschäftigte mich im Nachhinein insbesondere, da ich die Methode des Lehrers in dieser konkreten Anwendung nicht als pädagogisch wertvoll empfand. Um eine Verbesserung der Unterrichtsqualität hervorzurufen, hätte der Lehrer nach meiner Einschätzung den Schüler sachlich auf sein Fehlverhalten hinweisen sollen. Ich persönlich schätze die Äußerungen des Lehrers als nicht situationsadäquat ein. Die korrekte Handhabung von Unterrichtsstörungen ist wichtig für meinen späteren Beruf von großer Wichtigkeit, da derartige Beobachtungen häufig in der Schule gemacht werden. Grundsätzlich ist im Unterricht immer ein Störungspegel vorhanden, vermutlich nur nicht überall in der oben beschriebenen Qualität.

Trotz dieses für die Schule typischen Spannungsfeldes zwischen Kindern und Erwachsenen fiel mir diese Auseinandersetzung auch in einer anderen Hinsicht negativ auf. Ich empfand eine Diskrepanz zu meinem eigenen Erleben als Schülerin und stellte fest, dass sich hinsichtlich des

Schülerverhaltens in den letzten Jahren offensichtlich ein Werteverfall entwickelt hat. Ich bin davon überzeugt, dass die Schüler und Schülerinnen des von mir besuchten Gymnasiums damals die Lehrkräfte weitaus mehr achteten und sogar zu ihnen aufblickten. Allerdings ist es durchaus möglich, dass dieser Eindruck auf meiner Wahrnehmung aus der Lehrerperspektive basiert, weshalb mir respektloses Benehmen deutlicher auffällt.

Während ich die Situation aufmerksam verfolgte, erinnerte ich mich an eine Statistik aus der Vorlesung in Erziehungswissenschaften: Hierbei wurden die Belastungsfaktoren von Lehrern und Lehrerinnen in einem Balkendiagramm abgebildet. Der Aspekt „Durchführen von Unterricht" trat erst an sechster Stelle mit 43,2 Prozent auf. In Anbetracht der im Unterricht permanent auftretenden Disziplinprobleme verwunderte es mich, dass die Unterrichtsdurchführung keinen übergeordneten Stressfaktor darstellte. Außerdem umfasste die Lehrveranstaltung neben weiteren Inhalten auch das Thema Erziehung. Dabei wurde unter anderem auf das Ziel von Erziehung verwiesen, welches als dauerhafte Verbesserung von Fähigkeiten, Einstellungen und Handlungen eines Menschen definiert werden kann.

Nach meiner Auffassung entsprach die Methode des Geschichtslehrers diesem Erziehungszweck nicht. Abgesehen von seiner verbalen Entgleisung versuchte er nur, die Symptome der Unterrichtsstörung zu beseitigen. Er setzte sich aber nicht analytisch mit der fundamentalen Ursache auseinander, die den Schüler zu den fortlaufenden Unterbrechungen veranlasste. Mit diesem Ansatz ist nach meiner Einschätzung der Erziehungsauftrag des Lehrers fehlgeschlagen, da er lediglich eine temporäre Lösung des Problems erreichen könnte.

Bei einem derartigen Sachverhalt sind bildungswissenschaftliche Vorkenntnisse vor allem im Bereich der Pädagogik und Psychologie durchaus relevant, um sich in den betreffenden Schüler zu versetzen und den Konflikt aufzulösen. Für mich wäre daher entsprechendes Vorwissen sehr nützlich gewesen, um mich gedanklich darin zu üben, eine objektive und pädagogische Herangehensweise zu wählen und die Situation somit zu beherrschen. Ich habe bisher an dem von mir besuchten Gymnasium und auch an der Praktikumsschule eher kontraproduktive Methoden in Bezug auf Verhaltensauffälligkeiten kennengelernt, weshalb ich auf andere erziehungswissenschaftliche Ansätze hoffe, die den Verursacher beziehungsweise die Verursacherin unterrichtsinterner Störungen einbeziehen.

Da ich im Verlauf des ersten Semesters noch keine ausreichende pädagogische Erfahrung sammeln konnte, lässt sich meine Vorstellung von einer erfolgreichen Methode nur schwer mit bereits vorhandenen wissenschaftlichen Theorien und Studieninhalten abgleichen, welche die

Persönlichkeitsentwicklung der Schüler und Schülerinnen stärker in das Zentrum der Erziehungsaufgabe rücken

In meinem zukünftigen Beruf als Lehrerin möchte ich gerne alternative Methoden anwenden, um auf die unterschiedlichen Bedürfnisse jedes Kindes eingehen zu können und somit zu einer angenehmen Lehr- und Lernatmosphäre zu verhelfen. Da Konfliktsituationen in der Schule nicht zu vermeiden sind, sollte ich mir anhand meiner Beobachtung bereits Gedanken darüber machen, wie ich solche Angelegenheiten richtig handhabe und gegebenenfalls sogar präventive Maßnahmen ergreifen kann, um die Effektivität des Unterrichts zu gewährleisten. Als angehende Lehrerin werde ich mich zu einem Großteil mit kommunikativen Strategien und dem richtigen Lehrverhalten auseinandersetzen müssen, denn die Interaktion mit Schülern und Schülerin ist unabdingbar.

3.2 Der richtige Umgang mit Unterrichtsstörungen

Verhaltensgrundregeln für eine optimale Unterrichtsatmosphäre aufzustellen bildet einen maßgeblichen Bestandteil der Erziehungsaufgabe von Lehrern und Lehrerinnen. Dabei sollten sich diese an der von der Schule gesetzten Norm orientieren. Ziel dieser Richtlinien ist das Herstellen einer bestimmten Grunddisziplin, um somit ein höfliches und respektvolles Miteinander zu effizieren. Unterrichtsstörungen behindern allerdings nicht nur einen aufmerksamen und rücksichtsvollen Umgang untereinander, sondern auch die individuelle Persönlichkeitsentwicklung des störenden Schulkindes. Daher tragen die Lehrkräfte im Rahmen ihres Erziehungsauftrags eine große Verantwortung.[1]

Bei Unterrichtsstörungen werden die Bedingungen, unter denen das Lehren und Lernen ermöglicht wird, außer Kraft gesetzt. Dadurch wird der Lehr-Lern-Prozess erschwert oder ist im äußersten Fall nicht mehr durchführbar.[2] Die Ursachen für Unterrichtsstörungen können genetisch und biographisch motiviert sein. Erstere sind häufig im Zusammenhang mit Entwicklungs- und Verhaltensstörungen zu beobachten, während biographisch bedingte Faktoren von den Lebensbereichen der Kinder und Jugendlichen beeinflusst werden. Diese Bereiche umfassen unter anderem die Gesellschaft, die Familie, die Medien und die Schule.[3]

In der Schule erfahren die Kinder und Jugendlichen oft eine negative Motivation, indem sie durch angedrohte Sanktionsmaßnahmen zum Lösen der Aufgaben und Erlernen des

---

[1] Vgl. Menzel, Dirk: Vorkommen und Ursachen von Unterrichts- und Verhaltensstörungen. Eine Einführung aus schulpädagogischer Perspektive. In: Menzel, Dirk; Wiater, Werner (Hrsg.): Verhaltensauffällige Schüler. Symptome, Ursachen und Handlungsmöglichkeiten. Bad Heilbrunn: Klinkhardt 2009, S. 11 f.
[2] Vgl. ebd., S. 17.
[3] Vgl. ebd., S. 25 f.

Unterrichtsstoffes gezwungen werden. Dies veranlasst sie wiederum zu einer entsprechenden Gegenreaktion, wie der Störung des Unterrichts. Die Lehrkraft sollte stattdessen jedoch das Interesse der Schüler und Schülerinnen für das jeweilige Themengebiet wecken und sie somit zur Lernfreude animieren.[4] Durch entsprechende Methoden und Strategien können Lehrkräfte störendem Verhalten vorbeugen sowie Disziplin und Engagement im Unterricht optimieren.[5]

Impulsive Schüler und Schülerinnen, die sich kaum melden und unkontrolliert in die Klasse rufen, beeinträchtigen das Lehren und Lernen erheblich. Ihre Wortbeiträge haben meist keinen Bezug zum Thema. Die Lehrer und Lehrerinnen sind oftmals ratlos, wie sie den betreffenden Kindern und Jugendlichen beibringen können, ihre unwesentlichen Gedanken nicht wörtlich zu äußern. Hinter dem Hereinrufen von Antworten oder Kommentaren verbirgt sich häufig der Wunsch nach Aufmerksamkeit und Zuwendung. Ein weiterer Grund kann auch das Austesten von Grenzen sein. Die Schüler und Schülerinnen wollen herausfinden, welches Verhalten von der Lehrperson toleriert beziehungsweise sanktioniert wird. Abgesehen davon animieren sich die Kinder auch mutuell zu einem störenden Benehmen und werden dadurch abgelenkt.[6]

Um unliebsamen Zwischenbemerkungen entgegen zu wirken, sollte die Lehrkraft dem Schüler oder der Schülerin auf verbale und nonverbale Weise die eigene Enttäuschung vermitteln und diese auch begründen. Nonverbale Formen könnten hierbei das Hochziehen der Augenbraue oder das Zuhalten der Ohren darstellen. Auf diesem Weg wird dem betreffenden Kind bewusst gemacht, dass sein Verhalten dem Lehrer oder der Lehrerin missfällt. Da sich besonders jüngere Schüler und Schülerinnen häufig ein Beispiel an ihren Klassenkameraden nehmen, sollte ein anderes Kind, welches sich geduldig meldet und die Regeln einhält, von der Lehrkraft für sein vorbildliches Verhalten ausdrücklich gelobt werden. In diesem Kontext ist es auch durchaus hilfreich, die Verhaltensmaßstäbe noch einmal zu wiederholen oder von der Klasse wiederholen zu lassen.[7] Hierbei kann auch das aufmüpfige Kind dazu aufgefordert werden, Richtlinien für ein rücksichtsvolles und höfliches Miteinander zu formulieren.[8]

Schüler und Schülerinnen wollen prinzipiell in das Unterrichtsgeschehen einbezogen werden. Diese Einflussnahme versuchen sie oftmals durch das bewusste Missachten der Regeln zu

---

[4] Vgl. Hartinger, Andreas; Fölling-Albers, Maria: Schüler motivieren und interessieren. Ergebnisse aus der Forschung, Anregungen für die Praxis. Bad Heilbrunn/Obb.: Klinkhardt 2002, S. 7.
[5] Vgl. Krowatschek, Dieter (u.a.): Schwierige Schüler im Unterricht. Was wirklich hilft. Dortmund: borgmann 2010, S. 9.
[6] Vgl. ebd., S. 21 f.
[7] Vgl. ebd., S. 23.
[8] Vgl. Mendler, Allen N.: Uninteressierte Schüler motivieren. Wie geht das?. Mülheim an der Ruhr: Verl. an der Ruhr 2003, S. 77.

beweisen. In diesem Fall sollte die Lehrkraft auf das Geltungsbedürfnis des Kindes eingehen. Eine wirksame Methode ist das gleichzeitige Vermitteln der Erwartung und der Überzeugung, dass der Schüler oder die Schülerin die Herausforderung bewältigen kann. Dabei sollte dem Betreffenden für sein richtiges Handeln gedankt werden, bevor er dieses überhaupt in die Praxis umgesetzt hat. Bittet man die Klasse außerdem um Meinungsäußerungen zu einem spezifischen Thema, steigert sich bei den Kindern das Gefühl der Relevanz. Folglich beteiligen sie sich aktiver am Unterrichtsgespräch und leisten häufiger konstruktive Redebeiträge. [9]

Um störenden Kindern ihr Fehlverhalten deutlicher zu vergegenwärtigen, bieten sich auch sogenannte Smileykarten an. Dabei handelt es sich um eine Form der Selbstbeobachtung, bei der sowohl die Lehrkraft als auch das betreffende Kind am Ende der Unterrichtsstunde das Betragen des Kindes reflektieren können. Es erhalten beide jeweils einen Stapel mit drei Karten, auf denen entweder ein lachender, neutraler oder trauriger Smiley abgedruckt ist. Anschließend wählt jeder eine Karte aus, welche die persönliche Bewertung des Schülerverhaltens im Unterricht veranschaulichen soll. Zuletzt werden sich die Karten gegenseitig präsentiert. Stimmen die Smileys überein, wird der Schüler oder die Schülerin gelobt.[10]

Alternativ kann der Lehrer oder die Lehrerin auch ein Punktesystem erstellen. Hierbei erhält das Kind Punkte für ein vereinbartes Verhalten. Die Punktevergabe wird durch ein Belohnungsprinzip verstärkt. Auf diese Weise verbinden die Kinder ein positives Benehmen mit vielen Punkten, die wiederum das Gewinnen von Preisen und Anerkennung implizieren. Demzufolge erkennen die Schüler und Schülerinnen, dass sie über die neuen Verhaltensweisen zu Belohnungen gelangen, wodurch eine nachhaltige Verhaltensänderung begünstigt wird.[11]

Besonders Kinder aus niedrigeren Klassenstufen können durch kreative Methoden wie dem Anlegen von Smileykarten oder Punkteplänen zu einem erwünschten Verhalten ermutigt werden. In den älteren Klassen sollte die Lehrkraft beim Formulieren der Fragestellungen und Aufbereiten des Unterrichts darauf achten, den Grad an Leistungsmotivation höher anzusetzen als den Schwierigkeitsgrad.[12] Gleichzeitig gehört es zur Aufgabe des Lehrers oder der Lehrerin, das jeweilige Thema interessant zu präsentieren, damit die Jugendlichen eine Freunde am Lernen entwickeln können.[13]

---

[9] Vgl. Mendler, Allen N.: Schüler, S. 76 f.
[10] Vgl. Krowatschek, Dieter (u.a.): Schüler, S. 183.
[11] Vgl. ebd., S. 245.
[12] Vgl. Hartinger, Andreas; Fölling-Albers, Maria: Schüler, S. 26.
[13] Vgl. ebd., S. 81.

4. Zusammenfassung

Insgesamt half mir das Grundpraktikum dabei, meinen Berufswunsch und meine Eignung für den Lehrberuf zu überprüfen. Dabei wurde ich in meiner Auffassung bestärkt, bereits einige Kenntnisse und Fähigkeiten mitzubringen, weshalb ich diesen Berufswunsch für mich bestätigen konnte. Ich habe während der Hospitation verschiedene Unterrichtsmethoden kennengelernt. Beispielweise erlebte ich Lehrkräfte, die reinen Frontalunterricht hielten. Andere hingegen traten in aktiven Dialog mit der Klasse oder ließen Gruppenarbeiten in den Unterricht einfließen. Erkennbare Unterschiede in der Unterrichtsgestaltung gab es auch hinsichtlich der Einbindung von technischen Hilfsmitteln. Insbesondere jüngere Lehrkräfte verwendeten digitale Endgeräte zur Darstellung von Unterrichtsinhalten. In Verbindung mit Internetnutzung konnte dadurch schnell auf unvorhergesehene Fragen reagiert werden, was ich als sehr effizient empfand. Weiterhin konnte ich das Lehrerverhalten kritisch hinterfragen in dem Sinne, wie ich mich als Lehrerin in einer speziellen Situation verhalten würde.

Alles in allem gewann ich neue Erkenntnisse, wobei sämtliche positive und negative Erfahrungen dazu beitrugen. Ich fühlte mich an dem Gymnasium X gut aufgehoben und wurde von den meisten Lehrern und Lehrerinnen trotz meines Studentenstatus respektvoll und partnerschaftlich behandelt. Viele bemühten sich, mir den Lehrberuf näherzubringen und standen für etwaige Fragen und Gespräche gerne zur Verfügung. Darüber hinaus lernte ich auch verschiedene zielstrebige und motivierte, aber auch gestresste und überforderte Lehrerpersönlichkeiten kennen. Dies wirkte sich dann auch auf die jeweilige Unterrichtsqualität aus. Lehrer und Lehrerinnen mit einer engagierten und positiven Grundeinstellung konnten die Klasse deutlich besser für den Unterrichtsstoff interessieren.

Einen für mich neuen Aspekt des Lehrerdasein stellte das Geschehen außerhalb des Unterrichts dar, auf welches an der Praktikumsschule offensichtlich großen Wert gelegt wird. Die Lehrkräfte werden durch die Institution Schule intensiv in die Arbeit mit den Kindern einbezogen, die sich nicht nur auf den regulären Unterricht beschränkt. Dies war an Situationen erkennbar, in denen die Lehrer und Lehrerinnen beispielsweise eine Aufsichtsfunktion in den Pausenzeiten bezüglich des geltenden Handyverbots einnahmen. Andererseits trafen sich die Kinder und Jugendlichen mit den Lehrkräften auf dem Schulflur zum gemeinsamen Singen und Spielen von Musikinstrumenten. Die Lehrer und Lehrerinnen bemühten sich aus meiner Sicht auch außerunterrichtlich um ein gutes Verhältnis zu den Schülern und Schülerinnen.

Trotz alldem konnte ich keine Erkenntnisse und Erfahrungen in Hinsicht auf die Interaktion zwischen Lehrkräften und Eltern erlangen. Für meine zukünftigen Praktika wünsche ich mir, eventuell an einem Elternabend oder einem ähnlichen Forum teilnehmen zu können, um auch dort die Rolle des Lehrers beziehungsweise der Lehrerin studieren zu können.

Dennoch habe ich Unterricht und Schule aus einer anderen Perspektive wahrnehmen können. Hierbei gelangte ich zu der Einsicht, dass der Lehrberuf sehr facettenreich ist. Die Lehrkraft muss den komplexen Unterrichtsstoff verständlich und fachlich aufbereiten und sich selbst als souveräner Wissensvermittler präsentieren, damit die Schüler die Fachkompetenz des Lehrers oder der Lehrerin nicht in Frage stellen. Daher strebe ich an, als zukünftige Lehrerin die notwendige Souveränität zu zeigen, damit ich mich der Gefahr des Respektverlustes nicht aussetze. In diesem Zusammenhang empfinde ich es als eine weitere Anforderung an den Lehrberuf, sich zwar in der Rolle einer Autoritätsperson darzustellen, nicht aber autoritär zu handeln. Trotz ihrer fachwissenschaftlichen Dominanz dürfen Lehrer und Lehrerinnen nicht überheblich reagieren. Stattdessen ist es wichtig, den intellektuellen Status und sozialen Entwicklungsstand der Schüler und Schülerinnen zu berücksichtigen. Als Lehrerin muss ich Toleranz zeigen und Selbstbeherrschung entwickeln, um Handlungen aus Affekt und emotionale Ausbrüche zu kontrollieren. Ich konnte für mich schlussfolgern, dass vor allem Kritikfähigkeit, Gerechtigkeit und Geduld eine erfolgreiche Lehrpersönlichkeit ausmachen. Die Lehrer und Lehrerinnen müssen in einem rollenadäquaten Verhältnis zu den Kindern und Jugendlichen stehen. Trotzdem sollten sie für die Schüler und Schülerinnen ebenso Vertrauenspersonen darstellen, denn der Lehrberuf verlang auch soziale Kompetenzen und pädagogische Voraussetzungen. In meiner späteren Rolle als Lehrerin muss ich die Schüler zudem von außen motivieren und faszinieren können, lernschwache Schüler und Schülerinnen einbeziehen, Konflikte lösen und ihnen vorbeugen sowie mich selbst fortbilden.

Aus diesem Praktikum konnte ich für mich persönlich studienrelevante Fragen ableiten: Ab wann sollte man sanktionierende Maßnahmen ergreifen? Was sind mögliche Gründe für einen Werteverfall unter Kindern und Jugendlichen bezüglich des Respekts gegenüber Autoritätspersonen? Welche Variationen von Frontalunterricht sind möglich? Was macht eigentlich einen guten Lehrer beziehungsweise eine gute Lehrerin wirklich aus? Ab welcher Krisensituation sollten die Eltern des betreffenden Kindes kontaktiert und einbezogen werden? Die zuletzt aufgeführte Fragestellung überlegte ich mir im Zusammenhang mit der geschilderten Beobachtungssituation, da es für mich nur schwer einzuschätzen war, inwieweit eine Verständigung der Eltern über das Verhalten ihres Kindes notwendig gewesen wäre. Unabhängig davon würde ich den Erziehungsaspekt bei Kindern auch jenseits der Institution Schule aus verschiedenen Blickwinkeln betrachten wollen.

5. Literaturverzeichnis

Hartinger, Andreas; Fölling-Albers, Maria: Schüler motivieren und interessieren. Ergebnisse aus der Forschung, Anregungen für die Praxis. Bad Heilbrunn/Obb.: Klinkhardt 2002.

Krowatschek, Dieter (u.a.): Schwierige Schüler im Unterricht. Was wirklich hilft. Dortmund: borgmann 2010.

Mendler, Allen N.: Uninteressierte Schüler motivieren. Wie geht das?. Mülheim an der Ruhr: Verl. an der Ruhr 2003.

Menzel, Dirk: Vorkommen und Ursachen von Unterrichts- und Verhaltensstörungen. Eine Einführung aus schulpädagogischer Perspektive. In: Menzel, Dirk; Wiater, Werner (Hrsg.): Verhaltensauffällige Schüler. Symptome, Ursachen und Handlungsmöglichkeiten. Bad Heilbrunn: Klinkhardt 2009.

14